目次

危機をのりこえ、希望ある新しい日本をつくる年に

２０２１年党旗びらき　志位和夫委員長のあいさつ

日本共産党の志位和夫委員長が２０２１年１月４日の党旗びらきで行ったあいさつは次のとおりです。

あいさつする志位和夫委員長
＝2021年１月４日、党本部

お集まりのみなさん、インターネット中継をご覧の全国のみなさん、２０２１年、明けましておめでとうございます。

新型コロナウイルスの感染拡大が続く緊張した状況下での新年となりました。今年を、この未曽有の危機をのりこえて、すべての国民が安心して、希

望をもって暮らせる新しい日本をつくる年にしていきたい。その決意を込めて、新春にあたってのあいさつを行います。

一、コロナ危機をどう打開するか
——二つの根本的転換を求める

いま新型コロナ危機は、たいへん深刻な局面を迎えています。感染拡大が止まりません。重症者が増え、多くの地域で医療が崩壊の危機にひんしています。こうしたもと、東京都と首都圏3県の知事が、政府に緊急事態宣言の発出を要請するという事態にまで立ち至りました。

これらは菅政権が無為無策と逆行を続けてきた結果であり、その責任はきわめて重大です。感染拡大は、〝菅政権による人災〟というほかないものであります。

安倍・菅政権によるコロナ対応には、端的に言って二つの致命的欠陥があります。危機を打開するためには、従来の対応の根本的転換が急務になっています。

科学の無視——「検査・保護・追跡」という科学的大原則にたった取り組みを

第一の致命的欠陥は、科学の無視であります。それは人口比で直近の数字で、世界

149位というPCR検査の異常な遅れに象徴されています。

なぜこんなに遅れたか。新型コロナの一番やっかいなところは、無症状の感染者が知らず知らずのうちに感染を広げてしまうところにあります。ところが政府は、無症状者を把握・保護するという検査戦略を持とうとしません。もっぱら「クラスター対策」をいいますが、これは症状のある人を中心とする感染集団を見つけて、そこからさかのぼって接触者を追跡するという、いわば「点と線」の対策です。これだけではその外にいる無症状者を把握することはできません。

2021年党旗びらきであいさつする志位和夫委員長＝2021年1月4日、党本部

これを根本からあらためて、「検査・保護・追跡」の抜本的拡充という感染症対策の科学的大原則にたった取り組みが必要です。

日本共産党は、感染集積地（エピセンター）を明確にし、「面の検査」――その地域の住民や働く人の網羅的検査を行うこと、医療機関・高齢者施設等への「社会的検査」を行うこと、この二つの点で、無症状者を含めた積極的な検査戦略への転換をはかることを強く求めてきました。感染追跡を専門に行うトレーサーをはじめ、保健所体制の抜本的強化を求めてきました。今からでも、こ

うした方向への政策転換が必要だということを、私は、声を大にして訴えたいと思うのであります。（拍手）

とくに市中感染がこれだけ広がってしまっている現状では、ハイリスクの人を感染から守る「社会的検査」に大きな力をそそぐ必要があります。医療機関・福祉施設での集団感染は、厚生労働省の調査でも全国でこれまでに1218件と多発しており、重症者を減らすうえでも、「社会的検査」はまさに急務中の急務となっています。

すでに住民運動やわが党地方議員団の奮闘もあり、全国各地の自治体で「社会的検査」が始まっています。世田谷区では、高齢者施設等への「社会的検査」をのべ309施設で行い、5421人を検査し、55人の陽性者を把握しています。その大多数は無症状者であり、保坂区長は、「もし社会的検査に取り組んでいなかったら、無症状の感染者から感染がまん延し、手に負えない状況になっていたかもしれない」と語っています。「社会的検査」は現に高齢者の命を救う重要な成果をあげていることを強調したいと思います。

「社会的検査」の重要性は、政府も否定できなくなり、自治体に対して事務連絡などで実施を促しています。しかし、「検査の費用の半分は自治体持ち」という問題点が是正されておらず、自治体が検査拡大に二の足を踏む重大な原因となっています。私は、政府に言いたい。この期に及んで、予算を出し惜しんでどうするのか。みなさん、自治体がちゅうちょなく取り組めるよう、全額国費で「社会的検査」を行う仕組みをつくり、医療機関と高齢者施設を守れ――このことを強く求めていこうではありませんか。（拍手）

感染拡大に拍車をかけた「Ｇｏ　Ｔｏ」事業は、科学無視の最たるものであります。国民的批判が広がり一時停止に追い込まれましたが、菅首相には反省のかけらもありません。首相は、年末の記者会見でも「Ｇｏ　Ｔｏ」は感染拡大と関係がないと強弁し、赤羽国交大臣は、可能な限り（1月）12日から再開すると表明しました。感染拡大のもとでの再開などまったく論外ではないでしょうか。「Ｇｏ　Ｔｏ」事業はきっぱり中止し、観光・飲食業などへの直接支援策に切り替えることを、強く求めるものであります。（拍手）

「自己責任」押し付け――医療機関への減収補塡、自粛と一体に補償を

第二の致命的欠陥は、「自己責任」の押し付けであります。

菅首相は、「自助、共助、公助」、「まずは自分でやってみる」と繰り返してきました。ここまであからさまな新自由主義の「自己責任」論の「国家像」を説いた首相はかつていませんでしたが、「自己責任」だけではどうにもならないコロナ対策にまでこの思想を押し付けていることは、きわめて罪深いといわなければなりません。

この年末年始にも、各地で相談会や食料支援など生活困窮者への支援活動が行われ、多くの方々が利用し、ボランティアが参加しましたが、これは本来ならば政府がやるべき仕事であり、「公助」の貧しさを痛感させる光景ともなったのではないでしょうか。

政府は、医療機関への減収補塡《ほてん》を拒否し続けてきました。その結果、医療現場で何が起

こっているか。日本看護協会は、昨年（２０２０年）12月22日、看護師や准看護師の離職があった病院が15・４％にのぼるという調査結果を発表しました。福井トシ子会長は、次のように訴えています。

「看護師たちは第1波から約10カ月にわたり、これまで経験したことのないような職場環境の中で絶えず緊張を強いられてきました。……それなのに、コロナ対応と一般患者の減少で病院の経営が悪化したため給料やボーナスが減らされた看護師は多いのです。第3波では、頑張っても頑張っても終わりが見えない。給料は減る一方で『Ｇｏ Ｔｏ』で旅行や会食を楽しむ人が大勢いるわけです。医療従事者にとってはやりきれません」

いま懸命に奮闘している医療従事者を、政治が全面的に支える――この姿勢を示さずして、何のための政治かということになるではありませんか。ただちに医療機関への減収補塡に踏み切り、すべての医療従事者への特別手当の支給を行うことを、政府に強く求めるものであります。（拍手）

中小・小規模事業者への対応はどうでしょうか。政府が、昨年12月、コロナ感染拡大のさなかに決めたのは、中小・小規模事業者の「命綱」となってきた持続化給付金や家賃支援給付金を無慈悲にも打ち切るということでした。雇用調整助成金のコロナ特例も2月末までで縮小の方針が出されました。「一回こっきりの持続化給付金では事業は続けられない」「給付金の再給付を」という業者の強い願いに背を向ける冷酷な態度であります。

この背景には、コロナに便乗した中小企業淘汰《とうた》の政策があります。大企業に対しては

「デジタル化」や「国際金融センター」などの名目でさまざまな支援策を強化する一方で、中小企業に対しては直接支援を打ち切り、業態転換や事業の再編成を迫り、コロナに便乗して淘汰を進めようとしているのであります。こんな血も涙もない政治を、断じて許してはなりません。

みなさん、持続化給付金の第2弾をはじめ直接支援を継続・拡充せよ、休業や時短営業を要請するなら今度こそ十分な補償を行え、仕事や住居を失って生活困窮に陥っている方々への支援に全力をあげよ――このことを強く求めてたたかおうではありませんか。

（拍手）

声をあげれば政治は変えられる――「自己責任」押し付けを社会的連帯ではねかえそう

私が、昨年のたたかいを振り返って訴えたいのは、「声をあげれば政治は変えられる」ということです。日本共産党は、民主勢力・諸団体と手を携えて、全国各地で、「お困りごとは何でもご相談ください」と、国民の命を守り、苦難を軽減する取り組みに全力をそそいできました。このなかで、政治を前に動かすさまざまな成果をかちとってきました。その成果は多岐にわたりますが、特筆すべき成果として二つをあげたいと思います。

一つは、「自粛と一体に補償を」の声をあげ、政府がかたくなに拒否してきた直接支援の道をこじあけてきたことであります。

私は、昨年11月、全商連（全国商工団体連合会）の定期総会に参加する機会がありましたが、民商・全商連のみなさんは、持続化給付金、雇用調整助成金のコロナ特例、家賃支援給付金など、さまざまな直接支援の制度を実現する先頭に立つとともに、〝どうせ無理〟と諦めていた方に一声かけて励まし、申請を応援し、次々と支給を実現させてきました。持続化給付金で民商が支援して支給されたのは5万6千件、638億円を超えると聞きました。こうしたなかで、5月以来、連続的に会員さんが増え、定期総会に明るい活気がみなぎっていたことはたいへん印象的でした。

いま一つは少人数学級の前進であります。

政府は、昨年12月、現在は1クラス40人（小1のみ35人）と定められている小学校の学級編成基準を、2025年度までに全学年35人以下に引き下げることを決めました。小学校の学級規模の一律の引き下げは実に40年ぶりであり、全教、新婦人、教育研究者、地方自治体、校長会、教育委員会、PTAなどの共同の取り組みがつくった重要な前進となりました。わが党が、昨年6月に発表した緊急提言で、「子どもたちに少人数学級をプレゼントしよう」と呼びかけたことも、一つの貢献となりました。対象を中学校、高校にも広げ、一刻も早く30人学級を実現するために、引き続き力をつくしたいと決意しています。

みなさん、「声をあげれば政治は変えられる」。このことを確信にして、冷酷な「自己責任」の押し付けを社会的連帯ではねかえそうではありませんか。「困った人にやさしい政治」をつくろうではありませんか。コロナの先には、安心して希望をもって暮らせる新しい日本をみんなで力を合わせてつくる年にしていこうではありませんか。（拍手）

二、歴史的勝負の年――共闘の勝利、日本共産党躍進で、新しい政権を

菅政権の終わりが見えた――総選挙で退場の審判を下し、新しい政権をつくろう

今年は、総選挙が必ず行われる、歴史的勝負の年であります。

昨年12月に開催した第2回中央委員会総会は、菅政権について、日本学術会議への人事介入など「安倍前政権を上回る危険性」をもつとともに、まともな答弁一つできないなど「政権担当の能力を欠く姿が露呈した」と批判しました。そして、「どのような強権とゴマカシを弄《ろう》しても、この政権と国民との矛盾は広がらざるをえない」と指摘しました。

それから半月、わずかな期間に、2中総の指摘通りの事態が進展しています。年末に行われたメディアの世論調査では、内閣支持率が軒並み急落しました。最大の要因は、コロナ対応が誰の目にも行き詰まったということにあります。どの世論調査でも、菅政権のコロナ対応を「評価しない」と答えている人が6～7割に達しています。

それに追い打ちをかけたのが、「政治とカネ」の問題が噴き出したことです。「桜を見る会」前夜祭で費用の補塡が行われており、安倍氏や菅氏が1年にわたって国会で虚偽答弁を行っていたという重大事実が明らかになりました。吉川元農水相が鶏卵生産大手企業から巨額の現金を受け取っていた贈収賄疑惑も、きわめて深刻な問題に発展しつつあります。

発足して3カ月半。はやくも菅政権の終わりが見えてきました。みなさん、来たるべき総選挙で引導を渡そうではありませんか。市民と野党の共闘の勝利、日本共産党の躍進で、菅政権に退場の審判をくだし、政権交代を必ず実現し、新しい政権――野党連合政権をつくろうではありませんか。（拍手）

市民と野党の共闘は、昨年も国会共闘などで重要な前進を記録しました。一昨年（2019年）の8月以来続けてきた政権協力に向けた話し合いを、ぜひとも実らせたいと決意しています。自公政権に代わる新しい政権を協力してつくる――この点で前向きの合意をつくることは、共通政策をねりあげ、選挙協力を具体化する話し合いに大きなはずみをつけることになります。政権協力で合意してこそ、選挙協力にも「魂」が入り、勝利への道を開くことができるということを、強調したいと思います。

わが党自身の取り組みとしては、2中総で固く意思統一したように、わき目もふらず日本共産党の躍進――とくに比例代表での「850万票、15％以上」を獲得するための活動に思い切って力を集中する。この姿勢を揺るがずに堅持し、日本共産党躍進の政治的・組織的勢いをつくりだすことが、わが党自身にとっても、共闘を成功させるためにも、何よりも大切になっています。わが党が比例代表で850万票を獲得することは、小選挙区で野党統一候補が勝利をかちとるうえでも、その土台となるものであります。

そのために、2中総が呼びかけた、4月末までを期限とする「総選挙躍進、1千万対話・党勢拡大特別期間」を必ず成功させる決意を、年頭にあたってみんなで固めあいたいと思います。（拍手）

「新しい日本をつくる五つの提案」――二つの国民的体験を踏まえてまとめあげた

総選挙に向け、国民に何を訴えるか。まず呼びかけたいのは、2中総が提唱した「新しい日本をつくる五つの提案」を縦横に語ろうということであります。

五つの柱、20の項目からなる「新しい日本をつくる五つの提案」は、これまで党が発表してきた総選挙政策とは、根本的な違いがあります。これまでの選挙政策は、「野党として実現のために努力する」――政府・与党に実行を迫っていくという性格のものでした。それに対して、「五つの提案」は、自公政権に代わる新しい政権――野党連合政権が実行する「政権公約」に向けたわが党としての提案――「政権公約」のたたき台として提唱したものであります。国民の力で政権交代を実現し、新しい政権をつくるならば、どれも実行に道が開かれてくるものであります。

「五つの提案」をまとめあげるうえでは、次の二つの点に留意しました。

新型コロナ危機の体験から得た教訓を踏まえ、新しい日本を構想する

第一は、新型コロナ危機の体験から得た教訓を踏まえて、新しい日本を構想するということであります。「提案1。新自由主義から転換し、格差をただし、暮らし・家計応援第一の政治をつくる」、「提案4。地球規模の環境破壊を止め、自然と共生する経済社会をつくる」、「提案5。ジェンダー平等社会の実現、多様性を大切にし、個人の尊厳を尊重する政治を」などに、その内容を盛り込みました。

たとえば、「提案1。新自由主義から転換……」は、その全体がコロナ危機の体験を踏まえたものとなっています。その最初の項目は「ケアに手厚い社会をつくります」となっています。同志社大学教授の岡野八代《やよ》さんとの「しんぶん赤旗」日刊紙での新春対談（本書収録）でも、コロナ危機の体験を踏まえて、ケア労働が対談の焦点の一つとなりました。長年にわたってケア労働の重要性を研究されてきた岡野さんは、「医療、介護、保育、教育などケアに携わる人たちの悲鳴に耳を傾けない政治でいいのか」と強い怒りを語りました。人間はさまざまなケアなしには生きていけない。ところがケア労働がたいへん粗末に扱われている。そのことをコロナ危機は明るみに出しました。「ケアに手厚い社会を」ということは、コロナ危機を体験して多くの人々が痛切に願っていることではないでしょうか。

「提案4。自然と共生する経済社会」も、コロナ危機が、地球温暖化、野生生物の生息域の縮小など、地球環境を破壊する人間の経済活動のあり方の根本からの見直しを迫っているもとで、焦眉の課題をまとめたものです。コロナ危機からの経済社会の回復は、グリーン・リカバリー（環境に配慮した回復）――脱炭素、脱原発、再生可能エネルギーの思い切った推進によって進めるという、世界では当たり前となっている流れを明記しました。

「提案5。ジェンダー平等社会の実現……」も、その全体がコロナ危機の体験を踏まえたものとなっています。コロナ危機で多くの女性が職を失い、DVなどさまざまな困難に直面し、女性の自殺が増えています。こうした体験を踏まえ、ジェンダー平等社会をめざす主要な課題を明記しました。さらに、外国人労働者の人権擁護、少人数学級の実現、文化・芸術を守り育てる国づくりも、コロナ危機のもと、その重要性が痛切に実感されたものであります。

安倍・菅政権がつくった負の遺産を一掃し、政治の抜本的刷新をはかる

第二は、安倍・菅政権がつくった負の遺産を一掃し、政治の抜本的刷新をはかるということであります。「提案2。憲法を守り、立憲主義・民主主義・平和主義を回復する」、「提案3。覇権主義への従属・屈従外交から抜け出し、自主・自立の平和外交に転換する」などに、その内容を盛り込みました。

たとえば、安保法制廃止、集団的自衛権行使容認の閣議決定の撤回は、「野党共闘の一丁目一番地」とも言うべき重要な課題ですが、地球的規模での日米軍事一体化への暴走のもとで日本の平和にとって急務であるだけでなく、わが国の立憲主義、法治主義を立て直していくうえでも急務となっています。

毎日新聞客員編集委員・倉重篤郎さんとの「しんぶん赤旗」日曜版の新春対談（本書収録）で、日本学術会議への人事介入を合理化するために、内閣法制局が「クーデター的な法解釈の改ざん」を行ったことについて、こうした堕落がどこから始まったかが議論になりました。やはり分水嶺《ぶんすいれい》は2014年7月にあったと思います。安倍政権が、この時、内閣法制局長官の首を強引にすげかえて集団的自衛権は合憲と解釈変更をさせた。これが分水嶺となって、法制局は「法の番人」としての矜持《きょうじ》を失い、政権の意のままに、どんな反憲法的な法解釈も平気で行う下僕《げぼく》へと堕落した。これは今日につながっている。ここで意見が一致しました。

安倍・菅政権によって壊された立憲主義を取り戻すことは、今日のあらゆる問題につながる文字通りの急務であるということを、私は、強調したいと思います。

こうして、「五つの提案」は、新型コロナ危機の体験、安倍・菅政権の体験という、二つの国民的な体験を踏まえて、国民の多くが願っていること、国民多数の要求をまとめあげたものになっています。私は、ここに「五つの提案」の何よりもの生命力があると確信するものです。みなさん、「新しい日本をつくる五つの提案」を縦横に語り、さらに豊か

にしていく取り組みに、力をそそごうではありませんか。（拍手）

改定綱領を縦横に語ろう――岡野八代さんとの新春対談にふれて

いま一つ、訴えたいのは、改定綱領を生かして、日本共産党の魅力を縦横に語ろうということであります。

2中総決定は、「改定綱領は、ジェンダー平等、貧富の格差、気候変動など、さまざまな新たな問題を〝入り口〟にして、未来社会への道をより豊かに多面的に示すものとなりました」と指摘し、「これらの問題の解決に向けて、まずは資本主義の枠内で最大の取り組みを行いつつ、その根本的解決の展望は社会主義にこそあることを、大いに語ろうではありませんか」と呼びかけました。

この点で、新春対談での岡野八代さんの発言は、たいへんに示唆に富み、刺激的なものでした。岡野さんは、長年にわたってジェンダー平等に情熱をもって取り組んでこられた研究者ですが、対談のなかで、岡野さんは、「コロナ危機を通して、新自由主義の破綻《はたん》が明らかになりましたが、同時に、資本主義そのものの矛盾ということも考えざるをえません」とのべ、「資本主義の大きな矛盾は、……労働者と、その労働者をつくる仕組み――ケアを酷使し、それに見合う報酬を出さないことにあるのではないでしょうか。この矛盾は資本主義である限りなくならないのではないでしょうか」と指摘しました。

そして、「資本主義によらない政治の形というのを、いま模索しています。……私は今、自分の研究上も、最もコミュニズム（共産主義）に近い線を走っているところです」と語りました。私が、ジェンダー平等というのは、まずは資本主義の枠内でもその実現のために最大の努力を傾けなければならない目標だが、コミュニズムに進んだときには、全面的に達成できると考えていると話しますと、岡野さんが、「ゴールはたぶん同じところにあると思います」と応じたことも、たいへんに印象的でした。

この対談を通じて、私は、科学的社会主義とジェンダー平等の流れとの接近、響き合いを強く実感し、新鮮な感動を覚えました。

新型コロナ・パンデミックのもと、「資本主義の限界」を指摘し、「資本主義の見直し」を求める声がさまざまな形で広がっています。まさに、私は〝社会主義の新たな出番の時代〟がやってきたと思います。改定綱領を縦横に生かし、私たちがめざす未来社会――社会主義・共産主義の展望を大いに語っていく年にしようではありませんか。（拍手）

三、「総選挙躍進特別期間」を必ず成功させよう

「特別期間」の初動の取り組みについて

最後に、２中総が呼びかけた「総選挙躍進特別期間」について報告します。

「特別期間」の提起は、全党にきわめて積極的に受け止められ、実践が開始されまし

た。12月の取り組みの到達点は以下の通りであります。

対話は、2中総後、取り組みのテンポが1・5倍化し、7万人近くの伸びで、到達は57万5千人であります。後援会員は、8900人を増やし334万人を超えました。JCPサポーターまつりオンラインが大成功し、サポーターは新たに1千人増え、1万3千人となりました。

12月の党勢拡大は、党員拡大では、入党の働きかけが約2千人、入党申し込みは302人で、残念ながら現勢では後退の見通しであります。読者拡大は、拡大数では、大幅増勢した昨年5月や9月を上回る拡大数となる全党のみなさんの大奮闘が展開されましたが、購読中止の読者がそれを上回り、残念な後退となりました。

同時に、昨年1年間を通してみると、党員拡大では、現勢では前進できなかったものの、新しい法則的な党員拡大運動が始まり、一昨年を上回る5千人をこえる新たな同志を迎え入れることができました。読者拡大では、年間の拡大数では、2016年以降では最大規模となりました。私は、コロナ危機という未曽有の困難のもとでの、全党のみなさんの大奮闘に心からの敬意と感謝を申し上げたいと思います。（拍手）

みなさん、目前の総選挙に必ず勝利するために、2中総決定を力に、「支部が主役」で「特別期間」の運動を本格化させ、宣伝と対話でも、党勢拡大でも、この1月から見るべき前進をつくりだすために、全力をつくそうではありませんか。（拍手）

26歳の新入党員――「綱領が自分の思いにことごとく一致していることに驚いている」

「総選挙躍進特別期間」を成功させる条件は大いにあります。新春にあたって、全党のみなさんに、私たちが勇気づけられた二つの経験をお伝えしたいと思います。

2中総の討論では、「これまで党と接点がなかった人々が、自らの力で党を発見し、出会いが起こっている」ことが、さまざまな形で明らかにされましたが、きょうは、大企業が発行する雑誌の編集部に勤務する26歳の男性の入党について紹介したいと思います。

男性は、検察庁法問題で、ネットに抗議の声が広がるなか、もっと詳しく知りたいと「赤旗」電子版無料購読を申し込みました。その後、日刊紙を購読、民青に加盟し、記念講演を視聴し、入党しました。入党の感想と決意を次のように語っています。

「綱領に全面的に賛同します。新自由主義ではうまくいきません。資本主義ではダメ。社会主義的な考え方が一番自分に合っています。綱領を読み進めるなかで、これまで政治に距離をとってきた自分の思いとことごとく一致していることに驚きました。こういう綱領を掲げている政党があることに驚き、それに一致していく自分にも驚き、希望を覚えました。改定綱領で、僕はこの党に入るべくして入ったところがあります。弱い人のために寄り添う社会、やさしい社会をつくれるように、一歩ずつでもいいから頑張っていきたい」

検察庁法問題を契機に日本共産党に出会い、綱領を読んでみたら自分の思いにことごとく一致していて驚いた。ここにも、わが党がいま大きく発展していく可能性が示されているのではないでしょうか。

「赤旗」記者特別募集――若い同志たちが魅力を感じジャーナリストの道を踏み出している

いま一つ、紹介したいのは、「しんぶん赤旗」の記者特別募集の取り組みです。

「しんぶん赤旗」は、「桜を見る会」スクープのＪＣＪ（日本ジャーナリスト会議）大賞受賞を契機に、かつてない社会的注目を集め、政党機関紙の域を超えて、日本を代表するジャーナリズムとして、社会的に認知されるようになってきています。

そうしたなか8月から10月にかけて取り組んだ「赤旗」記者特別募集には、50人を超える応募があり、当初の目標だった15人を超える20人程度の採用が見込める状況になっています。これだけの若手・中堅の党員が、「赤旗」記者という党中央の専従活動家になることを決意したことは、党全体の世代的継承にとっても重要な成果であります。「発行体制面でも『赤旗』を守ろう」という私たちの呼びかけにこたえた全党のご協力に、心からの感謝を申し上げるものです。

新しく編集局に入る同志たちの3分の1は、この2年ほどの間に入党した同志ですが、

「赤旗」記者になりたいという思いから、この機会に入党した同志も少なくありません。

入党前に編集局に問い合わせの電話をしてきたTさんは次のように語っています。「大手紙は記者クラブに入っているが、『赤旗』はそのなかに入っていない。一人一人が問題意識を持っている。それができるのも綱領があるからだと思う。だからスクープも生まれる」

もうひとかた、通信社に勤めていた経験をもつAさんは次のように語っています。「『赤旗』には独立性がある。スポンサーの制約を受けず、手を緩めず社会問題に切り込み、真実を暴くことができる、電通や外環道の問題など、他のメディアが取り上げないなか、追及できる。『桜』疑惑でも、野党が追及チームをつくれるところまでいった。『赤旗』には国を動かす力がある」

「赤旗」が社会的注目を集めるなか、若い同志たちが、この仕事に魅力とやりがいを感じて、新しいジャーナリストの道を踏み出している。何ともうれしく頼もしいことではないでしょうか。(拍手)

党創立99周年の年――党史に残る歴史的な年となるよう力合わせ頑張りぬこう

みなさん、これらの経験は、2中総でも確認した、コロナ危機のもとでの情勢の変化、国民の意識の前向きの変化を、生きいきと反映しているではありませんか。

今年は、党創立99周年の年であります。

前進の条件をすべてくみつくして、「総選挙躍進特別期間」を必ず成功させ、今年が、総選挙での新しい政権――野党連合政権の樹立と、日本共産党躍進を実現した、党史に残る歴史的な年となるよう、力を合わせて頑張りぬくことを誓いあって、年頭にあたってのあいさつといたします。

（「しんぶん赤旗」２０２１年1月5日付）

（この写真は合成です）

共闘の力で、菅自公政権終わらせ、新しい政権をつくる年に

政治は何のためにあるのかを原点から見据え、新しい政治をつくる年に

新春対談

日本共産党委員長
志位　和夫さん

志位和夫委員長、恒例の新春対談。今年は同志社大学教授の岡野八代さんとオンラインで対談、コロナ危機を乗り越え、新しい日本をつくろうと、縦横に語り合いました。

同志社大学教授
岡野　八代さん

しい・かずお　1954年生まれ。東京大学工学部物理工学科卒業。1990年から日本共産党書記局長、2000年から幹部会委員長。衆院議員（比例南関東ブロック）９期。近著は『改定綱領が開いた「新たな視野」』

志位　明けましておめでとうございます。

岡野　明けましておめでとうございます。

私は、新しい年を展望するうえでも、２０２０年、コロナ禍で何が起こったのかということを振り返らざるをえません。その点で、引き金はコロナ・パンデミック（世界的流行）だったかもしれませんが、人災の側面というのは忘れてはいけないと思うのです。

昨年（２０２０年）、コロナ禍で女性の自殺者が増え、自営業の方々、医療従事者の方々が大変な苦境に立たされました。感染拡大の波は夏をすぎて、いったんは収束したかに見えましたが、菅政権ができて、第3波を迎えます。しかし、この政権は女性や医療従事者、自営業の方々を苦境におとしいれたことへの何の反省もないまま、何もしない、むしろ逆行するようなことをやる。そのなかで、医療崩壊ぎりぎりまでいく。まさに人災の側面です。
そういう学ばない政府のもとで、常に市民の側の努力が強いられました。市民の方が頑張って、皮肉ですけれども「自助」の部分が、日本の場合非常に多かったと思います。ですから、政治は何のために存在しているのかということを、もう一度原点に立って、しっかり見据える。そして新しい政治をつくる。これを21年の目標にしたいのです。

志位　昨年は、新型コロナウイルスと格闘した1年でしたが、コロナ危機は、私たちの社会のもろいところ、矛盾を、レントゲンのように写し出したと思います。
非正規の働き方を強いられてきた多くの女性が雇い止めにあい、路頭に迷う。女性の自殺増が深刻な社会問題になっています。すべてを市場にまかせて、社会保障をどんどん削っていく、新自由主義の政策が、医療からゆとりを奪い、保健所を弱体化させ、現在の

おかの・やよ　1967年生まれ。同志社大学大学院教授（西洋政治思想、フェミニズム理論)。「安全保障関連法に反対する学者の会」呼びかけ人。著書に『フェミニズムの政治学』など。昨年10月には訳・著『ケアするのは誰か？　新しい民主主義のかたちへ』を出版

深刻な事態をまねいています。世界的規模での格差拡大、環境破壊など、資本主義という制度の矛盾が噴き出し、この制度を続けていいのかが問われています。

同時に、これまで、その価値が十分に認識されてこなかったものが、実は非常に大きな価値をもっているということが、コロナ危機の体験を通して明らかになりました。たとえば、岡野さんがずっとその重要性を主張してこられたケア労働です。医療、介護、保育、さまざまなケアなしには、人間は生きてはいけない。それが非常に痛切な形で明らかになりました。ところが、ケア労働がたいへん粗末に扱われている。そのことも明るみにでました。

岡野　志位さんのおっしゃる、「レントゲンのように…」というのは言い得て妙で、ケア労働の価値を認めようとしない、いまの政治の冷酷さというか、残酷さが、非常にはっきりと見えてきましたね。

志位　本当にそうですね。岡野さんは菅政権による人災といわれましたが、私もまったく同感です。これだけの大災害が起こったときに対応する能力がまったくない。無為無策と逆行を続けている。

今年、必ずある総選挙では、共闘の力で、菅自公政権は終わりにして、政権交代を実現し、新しい政権をつくっていきたい。日本共産党自身も大いに躍進したいと決意しているところです。

岡野　ぜひ、そういう年になりますように。

岡野　医療、介護、保育、教育に携わる人たちの悲鳴に耳を傾けない政治でいいのか

志位　コロナ危機の経験を踏まえ、「ケアに手厚い社会」を提案の第一に掲げた

岡野　今度のコロナ危機の体験を通じて、政府が「経済第一」って言っておけばなんとなく国民は納得するんじゃないかという幻想も崩れ去りました。自公の政治家が考えている「経済第一」はアベノマスクで、その本当の姿が明らかになりました。それ以前には、お肉券やお魚券だなんてことが出てきて、私たちの生活をいったいどう思っているんだって思いました。つまり、彼らがいう経済というのは本当にごく一部の、大企業中心ということです。10万円の一時金の支給で、やっと命を永らえるような人が多数いるこの社会の中で、ああいう税金の使い方ができる人たちが、今の日本社会を牛耳っていたということが明らかになったわけです。

志位　その通りですね。

岡野　保育士は、一般職に比べれば月10万円も月収が低い。これは、政治が決めている現実です。ところが、そうした保育や介護など、私たちにとって本当に大切で、命にかかわる、しかも未来を、あるいは社会の土台を支えている人たちを、これだけ侮辱しなが

新しい日本をつくる五つの提案

提案１　新自由主義から転換し、格差をただし、暮らし・家計応援第一の政治をつくる

提案２　憲法を守り、立憲主義・民主主義・平和主義を回復する

提案３　覇権主義への従属・屈従外交から抜け出し、自主・自立の平和外交に転換する

提案４　地球規模の環境破壊を止め、自然と共生する経済社会をつくる

提案５　ジェンダー平等社会の実現、多様性を大切にし、個人の尊厳を尊重する政治を

ら、そうした人たちから吸い上げた税金を大企業に流しているのです。日々、一生懸命、責任を持って職務に携わっている人たちを罰するような社会になっています。

　コロナ禍で、医療従事者、介護関係者、教育に携わる人たちが、これほどの悲鳴を上げていますが、一切耳を傾けないような政治。こんなことが政治家としてというよりも、人としてあっていいのだろうかぐらいの怒りを感じています。

志位　コロナ危機のもとで、いまおっしゃったケア労働が、どんなにとうとい仕事なのかということを、みんなが思い知りました。同時に、そういう労働を政治が粗末に扱っている。これもはっきりしました。

　医療機関がたいへんな赤字で苦しんでいます。医療従事者のボーナスが夏も冬もカットされるという事態が起こっています。看護師さんにしても、たとえばコロナ専門のＩＣＵ（集中治療室）では、連続数時間も防護服を着ての過酷な労働です。心身ともにくたくたになっている。ところがボーナスがカットになる。これはどう考えてもおかしい。日本共

産党は、医療機関に対する減収補塡《ほてん》を求めていますが、政府の支援策は、モノとベッドのためのお金は出すんですが、人のためのお金はまともに出ない仕組みになっているのです。

それから岡野さんが言われたように、保育、介護、障害福祉、ここで働く方の賃金が一般の労働者に比べて月約10万円も少ないわけです。専門職ですから、本来、高くて当たり前なのに、逆に低いという実態があります。そのために深刻な人手不足になっています。その矛盾もコロナ危機で噴き出しました。

ですから私たちは、コロナ危機の教訓も踏まえて、「新しい日本をつくる五つの提案」（**別項**）を提唱したのですが、第一の提案「新自由主義から転換し、格差をただし、暮らし・家計応援第一の政治をつくる」の冒頭に「ケアに手厚い社会をつくる」ことを掲げたのです。

岡野　新自由主義の破綻とともに、資本主義そのものの矛盾を考えざるをえない

志位　日本固有の矛盾、資本主義体制の矛盾――日本社会は二重の矛盾に直面している

岡野　コロナ危機を通して、新自由主義の破綻《はたん》が明らかになりましたが、同時に、資本

主義そのものの矛盾ということも考えざるをえません。資本主義の大きな矛盾というのは、資本主義が本来依存しているはずの労働者と、その労働者をつくる仕組み、私はこれをケアと呼んでいますが、ここを酷使し、しかもそれに見合う報酬を出さないことにあるのではないでしょうか。この矛盾は、私は資本主義である限りなくならないのではないかと思います。

この矛盾の最たる事例が、いまの日本社会で起こっていることだと感じています。それは、ＯＥＣＤ（経済協力開発機構）諸国の中で、日本の幼児教育と高等教育の公費負担が最下位であることや、高齢者の医療費高負担の状況を見ても明らかです。

志位　私は、日本の現状を捉えるさいに、二重の矛盾に直面しているという捉え方が大事だと考えています。

一つは、日本固有の矛盾です。私たちの暮らす日本社会は、欧州各国に比べても、国民の暮らしや権利を守るまともなルールがない、「ルールなき資本主義」になっている。たとえば医療費の窓口負担です。菅政権は、このコロナ危機のもとで、75歳以上の窓口負担を1割から2割にすることを打ち出しました。血も涙もない冷酷な決定は撤回させなければなりません。日本でもかつては、サラリーマン本人も、65歳以上の高齢者も医療費の窓口負担は無料でした。

岡野　そうですよね。

志位　これがすっかり崩されて、いまは重い窓口負担を当たり前に押しつけている。そして3割負担というところに合わせようとしている。

一方、ヨーロッパでは、多くの国が窓口負担をきわめて低額に抑えています。医療保険というのは、いざ病気にかかったときのために、高い保険料を払うわけですから、窓口負担が重くてお医者さんにいけないというのでは、何のための医療保険かということになります。窓口負担をどんどん引き上げてきたというのは、これは「ルールなき資本主義」という、日本固有のひどさです。

岡野　なるほど。

志位　同時に、岡野さんが指摘されたもう一つの問題、資本主義体制そのものの矛盾が、コロナ危機のもとで噴き出していると思います。

岡野さんは、資本主義が、労働者と、労働者をつくる仕組み――ケアを酷使し、それに見合う報酬を出さないということを言われた。これは搾取ということを言われているのだと思います。マルクスは『資本論』のなかで、資本主義は「人間材料を浪費」する、労働者の「血と肉」を浪費し、「脳髄と神経」を浪費するという告発をしていますが、長時間・過密労働、不安定雇用によって、生きた人間を使い捨てにし、健康も生命もむしばんでいく。人間が人間を搾取するということから、さまざまな害悪が生まれます。

そして、資本主義のもとでは、資本の利潤をひたすら増やすことが生産の推進力――目的・動機となり、この「利潤第一主義」から、格差拡大、環境破壊などさまざまな矛盾が生まれています。そうした資本主義の矛盾が、コロナ危機のもとで、世界でも日本でもむき出しの形であらわれています。
そういうなかでアメリカなどでは、若い人のなかで、「社会主義」への希望が大きく広がる状況があります。格差拡大も、環境破壊も、まずは資本主義の枠内で解決のための最大の取り組みを行うことが大切ですが、根本的解決のためには資本主義をのりこえて社会主義にすすむことが必要です。社会主義にこそ希望があることを大いに語っていきたいですね。

岡野　ケアの価値を共有することで、価値を上げていくとりくみを

志位　ケアとは多様な個人の尊厳を大切にする営み、競争原理を持ち込むのは間違い

岡野　私は、資本主義のこうした問題に出会ったのは、まさにケアの研究からでした。ケアという営みが歴史的にどうおとしめられてきたかという、どちらかというとフェミニズムの角度から見てきたのですが、おっしゃるとおり、ヨーロッパの先進国の中では、コモン、つまり共有という考え方が見直され始めています。医療や教育、そして余暇は、みんなが使えて、それは誰か一人の人に私有化させないという考え方が広がりつつあります。
教育、医療、文化・芸術などをみんなが共有し、そして広がり、価値が高まっていく。

それは金もうけとは全く違う論理です。ケアもおそらくそうです。みんなでケアしあえば価値が高まる。そのケアという価値が共有されず、誰かに押しつけているから、どんどんおとしめられているのだと思います。声を掛け合ったりとか、ただ一緒に歩いたりとかだけでも、人間にとっては喜びなのです。そういう行為をおこなう時間が、金もうけ主義の中で削られています。私たちが本来持っている1日24時間のあり方がどんどん金もうけ主義の中で貧しくされているということを、おそらく多くの人が気づき始めています。

私たちは人と一緒に分かち合うことで、喜びを、価値を上げていくことってこんなにたくさんあるんだということを、もう一度、今年から、21世紀を最初からやりなおすつもりで考えたいと思います。

志位　全国革新懇のシンポジウム（昨年12月19日）で、岡野さんが、保育には競争がない、一人ひとりの子どもはみんな多様なので、その子どもにあわせた保育をやる必要があり、競争はそのなかにはない、とおっしゃっていました。それが小学校に入ると、みんな競争に追い立てられ、つらいことになってしまうという指摘でした。

もともとケアは、医療にせよ介護にせよ保育にせよ、広い意味では教育もそうだと思いますが、多様な一人ひとりの人間としての尊厳をどうやって守り育てていくかという営みだと思います。そこに競争原理を持ち込むのは、根本から間違ってくると思います。いま岡野さんは「価値を共有する」と話されましたが、多様な個人の尊厳を大事にするところに、ケアの一番大事なところがある。そこに市場原理を持ち込んできているのが、いまの政治の一番の問題だと思います。

岡野　本当にそうです。これも革新懇でふれたことですが、たとえば同じ3歳児でも、4月生まれの子と3月生まれの子では、この1年の違いってとても大きい。それでも一緒に過ごしながら、ご飯もともにし、うまく箸が使えなかったり、言葉が出なかったりする子たちを、みんなで待ったりとか、用意がちゃんとできない子をみんな手伝ってあげたりとか、むしろ、いまの日本のおとな社会よりも人間的なのです。

それを感じると、何かいまの日本の教育は、不幸な人をつくっているのではないかと感じます。人間として、いままで保育園でぬくもりの中で受け止められた子が、小学校に入ると、成績をつけられて、しかも、いきなり35人クラスとか40人クラスになって、急激な変化、落差が大きすぎます。

それは私たちおとなだって同じです。みんな一人ひとり違うわけで、個人が、一人ひとりのニーズや環境も違って、これだけ広く、多様な人たちが、それぞれの環境で生きているわけです。ところが、政治家、とくにいまの自公政権は、本当に一部の人たちしか見ていない。私は、政治家に、この私たちの多様な生き方をもっと知ってほしいとすごく思っています。

志位　いまの日本の教育のどこが問題かということについて、第1次安倍政権（07年）の時の教育基本法改悪のさいに、私は国会で、だいぶ突っ込んで論戦をしたことがあります。

国際的な状況なども調べ、日本の教育の一番の問題は、異常な競争主義、序列主義にあるということを痛感しました。競争と序列の教育こそが、一番子どもを傷つけています。テスト、テストで尻をたたく。学校でも家庭でも尻をたたかれたら、子どもには居場所がなくなってしまう。異常な競争教育こそが、私は一番の反教育的なものであり、子どもに対するいじめのようなものだと思います。

もう亡くなりましたが、小学校の教員をやっていた私の父の口癖は、「教育で大事なことは、『できる』子を育てることじゃない。『わかる』喜びを伝えるのが教育なんだ」というものでした。「『できる』と『わかる』は違う」と言うのですね。「できる」というのは、他の人との関係で比較して「できる」「できない」になるから、「できる」子もつらいし、「できない」子もつらい。ところが、「わかる」というのは、たとえば算数についても、理科についても、さまざまな真理、法則、物事の仕組みを発見していくわけですから、子どもにとって喜びであるわけです。「『わかる』喜びを教えるのが教育」というのは、本当にそうだと思います。教育のあり方も、根本から変えていく必要があると思います。

岡野　志位さんのお話を聞いていて、私がかつて大学の学部で教えていたときに、授業とは別に学生たちと一緒に読書会をしたことを思い出しました。成績も関係ないし、私も友達と一緒に英語の本を読んでいるみたいな感じで学生に接しました。そうすると、分からないことは分からないって学生も言うし、私も本当にそれが楽しくて、教えているほうも試験がないときが一番楽しいですね（笑い）。成績がつかないと分かると、学生も素直に分からないって言えるし、知らないことを発見していく。知らないことを知ることは、新しい発見につながっていく、そこに喜びがあります。

志位 そこに一番の喜びがありますね。試験がないときが一番楽しいというのは、本当にそうですね。（笑い）

強権とともに、説明する能力がない政治は、強いようでいてもろい

恐怖政治、強権政治は、実際にはめちゃくちゃもろい

岡野 私は、最初に安倍首相（第1次政権）が出てきたとき、新自由主義を推し進め、これは最悪だと思っていた小泉純一郎首相より悪い首相がいたのかと驚いたのですが、憲政史上最長にして最悪の安倍政権（第2次政権）のあと、それよりもひどい菅義偉《すがよしひで》政権が登場しました。

やはり政治家というのは結果責任だと思いますが、菅首相は最初の態度として、私は責任をとりません、だから人の話も聞きません、国民にも説明しませんと。こんなに無責任を体現したような人が一国の決定権を握っていていいのかと、恐怖を感じています。最初

に言った「新しい政治」を本気で追求しなければなりません。

志位　私は、安倍政権と7年8カ月対決してきて、「戦後最悪の政権」と批判してきました。これ以上悪い政権はそうそう出てこないと思っていたんですが、後任者はもっと悪い人が出てきた。無責任を体現しているという指摘はその通りですが、無責任な人が強権だけはしっかりふるう。

日本学術会議への人事介入の怖いところは、任命拒否の理由を一切言わないことです。説明をしないというのも一つの権力行使であり、最も悪質で卑劣な権力行使だと思います。説明なしで拒否するとどうなるか。国民の誰に対して、いつ、異論排斥《はいせき》の矛先《ほこさき》が向けられるかわからなくなる。理由も言わずに異論を排斥することが横行したら、全体主義国家に転落することになります。だから、どうしても任命拒否の撤回まで頑張らなきゃいけないと決意しています。

岡野　同時に、説明する能力もないんですね。

志位　そうですね。国会で質問をやっていて驚くのですが、どんな質問でも必ず紙が出てきて、菅首相は、それを次から次へ読んでいるだけです（笑い）。説明する能力も、国民にわかってもらお

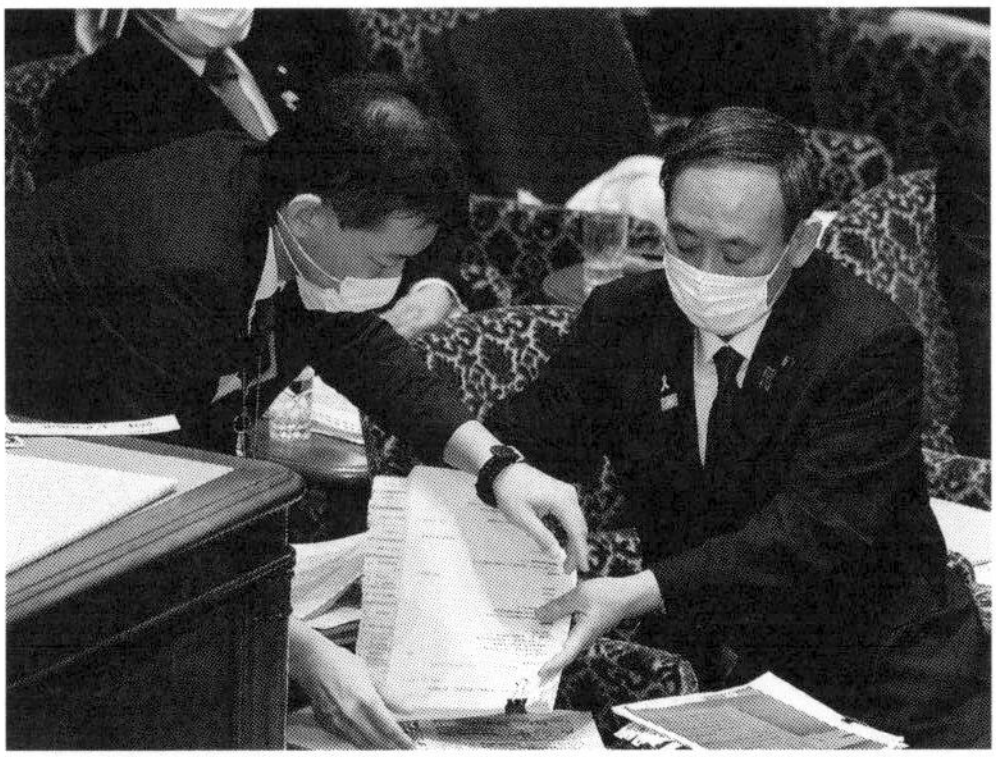

答弁に立てず、職員から説明を受ける菅義偉首相＝2020年11月5日、参院予算委

うという意思もない。そして「既得権益」とか平気でデマを言います。首相がデマを言うと、応援団がフェイクの大合唱を起こしています。

強権とともに、説明する能力がないという、両面があると思います。これは強いようでいて、実のところもろい政治です。それが深刻な形であらわれているのが菅政権のコロナ対応です。感染を広げる「Ｇｏ　Ｔｏ」事業に固執する。感染拡大の真っ最中に、持続化給付金など直接支援の打ち切りを宣言する。医療機関への減収補塡はやらない。やるべきことをやらない無為無策と、やっちゃいけない逆行だけです。ウイルスは「忖度《そんたく》」してくれませんから、コロナ危機に対応できない。そうした姿が、国民の強い批判をあび、支持率がぐんと下がっています。

岡野　政治学的に権力というのは独占すると、実は非常に弱いんですよね。それは、本人もわかっているので、恐怖政治あるいはまさに強権政治と言われる政治のあり方が特徴になり、人を恐怖で震え上がらせるんです。それで政治を動かしていくっていうのは実際にはめちゃくちゃもろいのです。

志位さんもおっしゃったことですが、菅政権であらわれてきた政治とは何かというと、つまり命令して従わせることです。それは俗にいう権力の行使ですが、本来権力というのは、命令ではなくて、みんなが納得すればそれで動くわけで、みんなが問題を共有してそこに向かって動いていけば、それは政治的にはとても強い力が発揮されるわけです。

志位　その通りですね。菅さんには、安倍さんと比べても説明する意思がないですね。

説明してわかってもらおうというのがないですね。安倍さんの場合はでたらめなものなんだけど、何か説明はしましたよね。（笑い）

岡野　たしかにしました。（笑い）

志位　菅さんは、一言で答弁が終わってしまう。コミュニケーションの拒否です。ただコミュニケーションの拒否が、コロナ危機のもとで行われているのが怖いことです。コロナ危機のもと、一国のリーダーは、国民に対して、こういう方向で苦難を乗り越えていくんだという強いメッセージを出し、安心してもらって、みんなの気持ちを一つにして乗り越えなきゃなりません。菅さんには、そういうものが全くない。これは本当に恐るべき事態です。

岡野　歴史的に受け継がれてきた言葉、知の積み重ねに対する侮蔑意識がある

志位　科学を政治のしもべにしてはならない

志位　昨年10月に、古事記・日本書紀・万葉集などを研究する「上代文学会」が、学術会議の任命拒否問題に対する抗議声明を出したのですが、そこで、首相の無内容な答弁を批判して、「頼むから日本語をこれ以上痛めつけないでいただきたい」と訴えました。基本のコミュニケーションができなくなっていることは、政権としても本当に行き詰まりだ

し、国民に見抜かれてきていると思います。

岡野　菅政権の悪いところのその最たるものがまさに言葉の軽視ですよね。科学的な知は、自然科学でも社会科学でも全ての科学において、人から人へとつなぎ、たくさんの人に共有してもらえばもらうほど、ある言葉や概念の価値観が上がるわけです。たくさんの人がその言葉や考え方を使い、多様に分散させる。私たちが使っている言葉、あるいは私が学ぶフェミニズムの言葉も全部、見たことも会ったこともない人たちの言葉を引き受けて、その中で自分が社会を見る目を豊かにしていくのです。それによっていろんな角度から社会が見えてくる喜びもあります。

こんなに政治がひどいけれど、それでも人間のすばらしさを感じる時、他人から歴史的に受け継がれてきた考え方とか言葉、知の積み重ねというのは、とても大切な働きをしています。日本学術会議の任命拒否問題にあらわれた学術に対する侮蔑意識は、そうした人間観への冒瀆《ぼうとく》だと思います。菅首相は、この問題に対して、学者の集団がこんなに怒るとは多分思っていなかったのでしょう。

志位　日本学術会議元会長で東大名誉教授の広渡《ひろわたり》清吾さんが、この問題の本質として、政治と科学の関係をきちんとたてることが大事だと話しておられました。私も、そこが大切なところだと思います。

私は、政治と科学というのは論理が違うと思います。政治というのは、少数意見を大切にして議論をつくす必要がありますが、最後には多数決の論理が働きます。しかし科学は違います。科学の価値は何ではかられるかといったら、真理かどうかではかられるわけです。真理かどうかを、どうやって判定するかといったら、実験、観測、実証、論理、そして岡野さんが言われたような知の積み重ね、それによって最終的に判定されていくわけです。そして大事だと思うのは、新しい価値ある学説というのは、最初は必ず少数から始まるということです。ガリレオ・ガリレイの地動説もそうだし、アインシュタインの一般相対性理論もそうです。最初は少数から始まるけれども、結局それは真理だったということになるわけです。

それからどんな科学も、既存の科学に対する批判がなかったら進みません。それまでの科学の批判から始まるわけです。マルクスも、スミスやリカードウなど古典派経済学を徹底的に批判するなかで、『資本論』を書きあげていったわけです。

新しい価値ある学説は、少数から始まるし、批判から始まるわけで、そこを否定したらもう科学ではなくなるわけです。そして、そうして見てみると、科学に何が大事かと言ったら、自由、自主性、独立性が何よりも大事だということになる。こうして、学問の自由は、科学が内在する論理からも導かれると思います。そこをまったく理解しない人たちが、政治の論理で科学を裁断し、科学を政治のしもべにしては、絶対にいけない。そういうことになったら、科学の価値を損ない、国民みんなが被害を受けることになります。

岡野　ガリレオ・ガリレイが、よく日本学術会議の任命拒否問題で例にあげられますが、私の専門の政治哲学でいうと、まず哲学者ソクラテスです。ソクラテスはまさに、若者をたぶらかし、ろくでもない考え方を広めたということで、アテネの陪審裁判で死刑になりました。そこから政治哲学は始まるんです。

国民に反感を買うような事実がとくに政治の場にはあるわけです。そのことに対してきちんと言葉にして、「何がおかしいか」と言うことは、私は政治学、政治思想の使命の一つだと思っています。社会的責任だと思っています。「おかしいって思ったことはおかしい」って言っていいんだということを市民の人たちに伝えたい。多くの人にすれば「突拍子もない」ことかもしれないけれど、それでも、その数少ない言葉が広がり、これまでも実際に、女性の権利や労働者の権利など、社会が少しずつだけど良くはなってきてはいます。私たちは、過去には認められなかったさまざまな権利を獲得してきました。

志位さんが、「#ＭｅＴｏｏ」の運動に参加されたのは画期的なことでしたが、そうした行動や言葉が人に勇気を与えて、少しずつだけど「これも権利として言っていいんだ」「これは社会がおかしいんだ」という思いが広がっていく。そうして、「おかしい」って声をあげた人たちのおかげで社会はよくなるわけです。

志位　本当にそう思います。

岡野　思想の自由がなくなった、学問の自由がなくなった社会というのは、それは、一部の権力者たちの考えていることをうのみにさせられる社会です。未来のない、暗い、閉ざされた社会ですよね。

悲しいことに、いま日本は確実にそうなってきています。世界的に見ても閉ざされていて、日本の外どころか、自分の周辺以外に関心があまり向けられていません。ニュースの偏り、国際報道のなさにそれは顕著です。これは国際的に見ると驚くようなことだと思います。学術会議会員の任命拒否問題は、日本史上に残る汚点、政治からの学問への攻撃であり、絶対に許してはなりません。

志位　任命拒否撤回への一番の早道は政権交代の実現

岡野　どうせ選挙は勝つだろうとあぐらをかいている自公政権に審判を

志位　その通りです。ただ、私は、この問題では希望もあると思っています。多くの学協会のみなさんが反対声明を出されています。かつてない広がりではないでしょうか。「映画人有志」や「野鳥の会」のみなさんも、学問の自由が侵されたら、次は自分たちの活動も危うくなると、抗議声明を出しています。「生長の家」が反対声明をあげたのは、うれしい驚きでした。

岡野　私も驚きました。

志位　〝学問の自由を大事にしない政権が信教の自由を大事にするわけがない〞というものでしたね。

岡野　もっともな声明ですよね。

滝川事件を報じる「帝国大学新聞」1933年5月15日付

志位　日本学術会議への不当な人事介入に対し、反対の輪が広がってきています。

歴史を考えても、この問題は絶対に引くことはできないと思います。１９３３年の滝川事件、35年の天皇機関説事件など、戦争に向かう時期に、政権の意に沿わない学者が弾圧され、これが歴史の大きな分水嶺《ぶんすいれい》になっていきました。

天皇機関説事件の後、「国体明徴《めいちょう》声明」というのが出されました。「国体」＝天皇中心の神の国が神聖不可侵だという観念が社会全体に徹底的にたたき込まれました。敗戦までの最後の10年間は、子どもたちにも「国体」を徹底的にたたき込んで、軍国少年、軍国少女をたくさんつくりました。

まず科学者の口を封じ、そして国民の口を封じ、戦争に動員していった歴史があります。だから今は分水嶺だと思う。今度の事件を曖昧《あいまい》にしたら孫子の代に禍根を残すことになります。任命拒否を撤回させないといけません。そのために一番の早道は政権交代です。政権交代を実現して、この問題を解決しないといけない。

岡野　研究者って、平気で10年、20年、同じこと、同じ問題を、ずっと追求し続けているわけです。私もケアに関してはもう15年以上研究しています。だから、菅政権とその周りの人たちが思う以上に、恐らく、研究者は根に持つタイプですから。

志位　なるほど。（笑い）

岡野　私の知り合いでも、これまでとくに政治的なことは全く発言しなかった政治思想を研究する友人が、「これは絶対許せない」といろいろ動いてくれていて心強く思っています。

菅政権を政治の世界で倒さなければいけませんが、この問題は研究者として学問の世界でもしっかりと落とし前つけないといけないと思っている人がかなりいると思います。研究者としての生命線だと私は思っています。

学問上の決着がつく前に、ぜひ、政治的な決着のためには政権交代が必要ですよね。どうせ選挙は勝つだろうとあぐらをかいている自民・公明政権に審判をくださないといけませんね。

岡野　男女平等で一番大きいのは意思決定に女性が入ること

志位　さらに努力していきたい。学び、自己改革するという姿勢で進みたい

岡野　共産党は昨年1月の大会で、京都選出の倉林明子参院議員を党中央の副委員長に

選出するなど、多くの女性を登用されました。今回のUNウィメン（国連女性機関）の五つの提言もそうですが、男女平等をいうときには、どんな組織でも意思決定の場、非常に枢要な場所に女性を登用することが大事です。

コロナ禍の下で、私が今研究しているケアとか子どものこととか、一見、資本主義の社会の中で周縁に置かれているように見える問題が、実は、周縁ではなくて資本主義社会を中心で支えているということが明らかになりました。

これは語弊がある言い方かもしれませんが、いかに男女平等といっても、そうした周縁に置かれている人の経験は、近くにいたとしても男性には見えないものがあります。

志位　そう思います。

岡野　共産党でばりばり運動されている男性には、やはり家庭のことだとかが見えない。その男性たちが日ごろ依存している女性の活動などは知らないことがあると思うのです。ですから、私は、男女平等で一番大きいのは意思決定に女性が入ることだと思います。

志位　そうですね。

岡野　せっかく政治に女性が参入しても、やはり女性的なことしかいわないとよく批判されます。「女だからやはりそんなことというのか」という捉え方をするのではなく、まったく逆にいままで政治のなかで無視してきた女性的なものに耳を傾けなければなりません。私は、男性が知らなかった価値を、女性たちというのはケア実践をつうじて蓄えていると思っています。それを知る喜びを男性にも感じてほしい。

いまジェンダー平等にとって必要なのは、資本主義がないがしろにしてきた大切な人間の営み、それは、これまで差別されてきた女性や外国人が担ってきたものなのですが、その価値を世界中で、政治の場所にもう一回取り戻すことだと思います。

私が、女性の議員の人に期待するのは、周縁化されてきた人々の声を政治の場所に届けることです。社会的弱者の人たちのために政治が何をしないといけないのかというテーマを政治の中枢に置くためには、知恵の宝庫である女性が持っているネットワークが必要なのです。

最も苦しい人たちは、残念ながら声も上げられない。「#ＭｅＴｏｏ」に参加し、志位さんが聞かれてきたのは、そういう声です。

志位　うんうん。

岡野　共産党が、「#ＭｅＴｏｏ」へも関心を示してつながりを持っているというのは、「#ＭｅＴｏｏ」の声をあげている人たちにも心強いですし、それはむしろ共産党の政治へのスタンスを学ぶ機会として、とてもよいことだと思っています。

志位　意思決定の場所に女性を増やすというのは、党大会でも努力し、比率は上がってきましたが、まだ中央役員全体の中では少ない状況です。ただ常任幹部会では、これもまだ努力が必要ですが、女性の比重を増やしました。みなさんが、いろいろな新しい視点で発言されるので、週1回の会議がより生きいきとしてきたなと思っています。

JCP With Youのイベントで語りあうゲストスピーカーの各氏＝2019年６月20日、東京都北区の池内さおり事務所

岡野　そうでしょう。

志位　日本共産党は、昨年の党大会での綱領一部改定で、ジェンダー平等の実現を綱領に書き込みました。共産党の姿勢としては「＃ＷｉｔｈＹｏｕ」の精神で、いろいろな運動に参加する。参加して、耳を澄ましてよく聞こう、学んでいこうと考えています。同時に、私たち自身が自己改革をやっていかないといけない。学び、自己改革するという姿勢で、みなさんと一歩一歩、一緒に進んでいけたらいいなと考えています。

岡野　いいですね。

志位　私もフラワーデモに参加して、お話を聞きますと、いままで知らなかった多くのことに気づかされます。こんなにもたくさんの女性が性暴力に苦しんでいたのかと。しかも、性暴力の被害にあっていたことを自分でもなかなか自覚できなくて、10年、20年、30年とたって、気づいてきた。みんなの前で話すことで、やっと今になって、人間性を取り戻しつつあるという発言もたくさん聞きました。もっと知らなければいけないということを強く感じます。

志位　エンゲルスは家事労働（ケア労働）を社会的産業として復興する展望を示している
岡野　自分の研究上も、最もコミュニズムに近い線を走っているところ

志位　岡野さんとせっかく今日、お会いする機会ができたので、これ（岡野訳・著『ケアするのは誰か？』）を読みました。

岡野　えっ。恐縮です。ありがとうございます。

志位　それで、このケアの問題、岡野さんが言われていること、とても共感が持てることがたくさんあって、私たちの科学的社会主義の立場から、ケアの問題にどうやって接近していったらいいのだろうかとずいぶん考えました。

岡野　ありがとうございます。

志位　エンゲルスの著作で『家族・私有財産・国家の起源』がやはり大切になります。これは、モーガンというアメリカの人類学者の『古代社会』という著作について、マルクスがノートをつくり、マルクスの没後、エンゲルスがそれを引き継いで執筆したものなのですが、このなかに、家事労働――ケア労働について言及しているところがあります。それを人類史のなかに位置づけて描いています。

岡野　ええ。

志位　――原始共同体の段階の共産主義世帯では、家事のきりまわしは、食料の調達と同じく、一つの公的な、社会的に必要な産業だった。

――家父長家族への移行とともに、その役割が変わり、家事は公的性格を失って、私的役務《えきむ》になった。妻は社会的労働への参加から追い出されて女中頭になった。

――現代の大工業は、労働者の女性たちが社会的生産に参加する道を開いた。しかしそれは、彼女が家族の私的役務の義務を果たせばという条件つきだった。近代の個別家族は妻の公然または隠然の家内奴隷制の上に築かれている。

――女性の解放には、全女性の公的産業への復帰が第一の先決条件となる。そのためには私的家政が社会的産業に転化し、子どもたちの扶養や教育が公務となることが必要になる。

これがこの問題でのエンゲルスの主張の概要です。最後にのべられている女性の解放は、社会主義的変革によって可能になるというのがエンゲルスの展望でした。

マルクス、エンゲルスは、モーガンの著作に接して、初めて、原始共同体の時代には、男女がまったく平等だった、むしろ女性優位だった社会があったことを知るわけです。そして、家事労働――ケア労働について、原始共同体の時代には、公的・社会的産業として、食料の調達と同等の値打ちがあったが、階級社会のもとでおとしめられてきた、それを社会的産業としてより高い次元で復興するのが社会主義だという展望を示しているというのは、とても重要な指摘だと思っています。

岡野　私も「ケアの倫理」研究の中で、ケアの活動、ケアの営みが人間的にはとても価値があるのにおとしめられてきた、それは、どうしてなんだろうということを研究してきました。その出発点は、マルクス主義フェミニストたちの70年代に始まる論争なんです。

志位　ほーっ。

オンラインでグータッチをする志位和夫委員長（左）と岡野八代さん

岡野　マルクスが発見した再生産労働というのをフェミニズム的に解釈し、原初的蓄積、つまり資本主義成立のなかでもっとも物質的に搾取されているのは、女性の家事労働なんだといったのは、マルクス主義フェミニストたちです。エンゲルスの『家族・私有財産・国家の起源』というのは、彼女たちにとって、自分たちの抑圧の原因を考えるさいの出発点でした。「ケアの倫理」を研究してきた私の先輩たちにとっても、一つのインスピレーションを与えてくれる本なんです。まさに、価値の転換をしなければいけないんです。

志位　ケアをパブリック（公）な仕事にして

いくということですね。

岡野　そうです。貢献度から見れば、いまでももちろん非常に公的な営みですが、考え方として、私たち人間はいったい何のために生きているのかから考えて、人をはぐくむ、人をいつくしむ、この営みを、しっかりと政治社会の中枢に位置づける。そこに貴重なものを見ていけるような人間性へと転換していくことが必要です。

なので、資本主義によらない政治の形というのを、いま模索しています。経済的にもコモンというのを大切にして、共有していく方向に変えていく。私は今は、自分の研究上も、最もコミュニズム（共産主義）に近い線を走っているところです。

とくにこのコロナでこんなふうにケアワーカー、エッセンシャルワーカーの人たちに光があたった。皮肉ですけれども、自分の研究上これまで考えてきたことが、多くの人たちに伝わっている感じがしていて、志位さんにも読んでいただける本を書けたというのは、研究者冥利《みょうり》に尽きます。

志位　今、コミュニズムに近い線を走っているという話があったのですが、フラワーデモに参加し、性暴力について聞くなかで、いろいろと考えました。どういうところで性暴力が起こっているか。親と子だったり、教師と生徒だったり、権力的な関係、支配・被支配の関係があるところで、それを利用して性暴力が起こっている。

私たちのめざす共産主義社会は、真に自由で平等な人間関係からなる社会であり、あらゆる搾取、抑圧、強制がなくなり、国家権力もなくなり、あらゆる支配・被支配の関係＝

権力的関係がなくなる社会です。ここまで進むことで、ジェンダー平等は完全な形で実現し、性暴力の社会的な根というのも絶たれていくのではないか。

岡野　うんうん。

志位　だから、ジェンダー平等というのは、まずは資本主義の枠内でもその実現のために最大の努力を傾けなければならない目標ですが、コミュニズムに進んだときには、全面的に達成できるというのが私の結論なのですが、いかがでしょう。

岡野　「ケアの倫理」でも、暴力はどこで発生するかということを考えますが、明らかに力の不平等から発生しているのです。女性が受けている暴力がなぜここまで広範で、しかも継続してそうなのかというと、やはり女性の社会的地位が低いことが決定的なわけです。不当な権力関係がそこにあるので、いま、志位さんがおっしゃったように、どっちが先とかいうのでなく、ゴールはたぶん同じところにあると思います。

少なくともやはり資本主義のなかで生まれてくる権力の、力の使われ方があまりにも不平等で、不正です。いま看護師の人が休みたくても休めない、やめたいけど、やめられない。目の前にいる患者の人たちを思って今、懸命に働き続けているわけで、そういった形で、その人たちを政治が酷使しています。いま政府はそこに依存しています。

こうした不当な依存状況を変えていかなければいけません。富も分有し、苦しみも分有しなければいけない。その共有のありかたというのは、政治が決めるしかありません。

志位　本当にそうです。

岡野　共産党躍進は、女性議員が増えるということ、力を込めて応援したい

志位　政権交代で、新しい政権をつくり、日本共産党の躍進を実現したい

岡野　そうした転換のとっかかりとして、共産党の躍進は目に見える形で、女性議員が増えるということですので、私も力を込めて、京都でも応援をしたいと思っています。やはり価値観を共有できるというのは一番力になります。みなさんと一緒に、できることはやっていきたい。

志位　19年の参院選で京都でご一緒に訴えたときに、岡野さんがすばらしいスピーチをされました。「ジェンダーというのは社会的につくられた性差とよく言うけれど、自然なものじゃない。政治がつくっている。すべて政治的なものだ」とおっしゃった。私はとても印象深く聞きました。政治を変えることこそが、ジェンダー平等への道なんだということを、日本共産党の第28回党大会の報告でも話しました。

岡野　ありがとうございます。それで、私、「まるで新しい政党が誕生したかのような感動を覚えました」と感想を書いたのですね。

志位　そのことを大会の結語で、こういううれしい評価もあったんですと紹介しまし

た。私たちも一歩一歩、努力しながら、ずっと研究されてきた方々の研究成果にもしっかりと学び、現場で頑張っているみなさんのいろんな運動も学び、一緒に歩んでいきたいと考えています。

岡野　ありがたいです。

志位　今日は、2020年を振り返り、コロナ危機の下での浮き彫りになってきた政治の問題点、資本主義の矛盾、新しい政治への展望、ケア労働、ジェンダー平等など、多岐にわたってお話をさせていただきました。

倉林明子参院議員（左）の応援に駆け付けた（右へ）志位和夫委員長、岡野八代さん＝2019年７月15日、京都市下京区

私たちは昨年12月15日の第2回中央委員会総会で、「新しい日本をつくる五つの提案」を提唱しました。ここに書いてあるどの項目も、国民多数の願いだと思います。でも今の政権はこのどの項目にも背を向けています。

政権を代えれば、どれも実行できます。辺野古の新基地建設も止められます。選択的夫婦別姓も道が開けます。学術会議会員の任命拒否は、総理大臣を代えればあっという間に撤回できます。

総選挙で、市民と野党の共闘を成功させて、政権交代を実現し、新しい政権をつくり、悪いウミは全部出して、新しい日本をつくる。そして同時に、日本共産党を大きく伸ばしたい。これが今年の最大の抱負です。

岡野　それは本当に頑張っていただきたいです。

志位　ありがとうございます。頑張ります。

（「しんぶん赤旗」２０２1年1月1日付）

政権交代へ真っ向勝負

総選挙　政治決戦にどうのぞむ

野党連合政権と共産党躍進に全力

毎日新聞客員編集委員・倉重篤郎さん
志位委員長にズバリ

2021年は総選挙の年です。長年にわたって政治の最前線を取材してきた毎日新聞客員編集委員の倉重篤郎さんが、日本共産党の志位和夫委員長にズバリ聞きました。

くらしげ・あつろう＝1953年東京生まれ。78年東大卒。毎日新聞社入社。整理部、政治部、経済部、千葉支局長、政治部長、編集局次長、論説委員長、専門編集委員を経て、現在客員編集委員。著書に『小泉政権1980日』『日本の死に至る病　アベノミクスの罪と罰』など

倉重　あけましておめでとうございます。

志位　あけましておめでとうございます。いつも『サンデー毎日』に登場させていただいて、ありがとうございます。

倉重　いやいやとんでもない（笑い）。さっそく今年の政局展望を聞いていきたい。菅政権発足から3カ月。どうみていますか。

志位　安倍政権と7年8カ月対決し「戦後最悪の政権」だと批判をしてきました。これ以上に悪いものはそうそう出てこないと思っていましたが（笑い）、強権ぶりという点でも、国民に説明しない、その意思も能力もないという点でも、前任者を超える人が出てきたと思います。

倉重　恐るべきことですね。菅政権誕生の背景に自民党の人材不足はありませんか。

志位　安倍政権のもとで自民党は異論が押しつぶされて、モノトーン（単一色）に染め上げられました。自民党はかつては保守政党として一定の幅をもっていたけれど、本当に狭くなりました。菅政権は自民党の状況を表していると思います。

倉重　菅政権は新自由主義の政権に分類されますが……。

志位　「自助、共助、公助」「まずは自分でやってみる」――。ここまで露骨に新自由主義を「国家像」として語り、「自己責任」を正面から説いた首相は初めてです。新自由主義のこれまで以上の暴走が起こる危険性があります。

政府の成長戦略会議に、小泉「構造改革」を推進した竹中平蔵氏や、〝中小企業を淘汰《とうた》して半分にする〟と主張するデービッド・アトキンソン氏を起用しました。二人ともウルトラ新自由主義者です。竹中氏は最近も、〝国民1人7万円を給付し、生活保護も年金も

しい・かずお＝1990年に書記局長、93年衆院選で初当選（衆院議員9期目）、2000年から幹部会委員長。著書に『改定綱領が開いた「新たな視野」』、『綱領教室』全3巻（いずれも新日本出版社）など

廃止〟という驚がくする発言をしています。

20年12月には、75歳以上の医療費の窓口負担を1割から2割負担に引き上げると決めました。コロナ危機のもとでさらなる「自助」を強いるのは、本当に血も涙もない冷酷な政治です。新自由主義の暴走と正面からたたかう年になると思っています。

倉重　6月に都議選、10月までには衆院選がある政治決戦の年です。どうのぞみますか。

志位　次の総選挙で政権交代を実現したい。菅政権にお引き取り願い、新しい政権——野党連合政権をつくりたいと決意しています。

同時に、日本共産党が躍進しないと先が開けてきません。先月（12月15日）開いた第2回中央委員会総会で比例代表で「850万票、15％以上」を獲得するためにわき目もふらずに頑張ろうという決意を固め合ったところです。今年はここに執念を燃やして頑張ります。

コロナ・パンデミックで問われる「利潤第一」社会

倉重　新型コロナウイルスの感染が世界でも日本でも広がっています。この危機的状況をどうみていますか。

志位　新自由主義の破綻《はたん》が世界でも日本でもすっかり明らかになったと思います。

欧州各国で感染拡大による医療崩壊が起きました。ＥＵ（欧州連合）の「緊縮政策」のもとでベッド数や医療従事者を減らしてきたツケといわれています。米国でも大きな犠牲が出ていますが、これもまともな公的医療がないところからきています。

日本でも医療の逼迫《ひっぱく》、崩壊が深刻です。１９８０年代以降、医療費を削り、医者や看護師の数を抑え、公的病院を統廃合し、保健所も半分にしてきた。そのツケが回ってきました。

目先の利益を増やすために、あらゆる規制を取り払い、社会保障も削り、自己責任を強いる――新自由主義が世界でも日本でも大破綻し、コロナ・パンデミック（世界的大流行）のなかで政策転換が迫られています。

倉重 コロナ感染症の歴史的な意味合いについて何かお感じになることがありますか。

志位 歴史をひもときますと、パンデミックは時として人類史を変える契機になりうることがわかります。もちろんウイルスや細菌自体に社会を変える力があるわけではありませんが、社会の矛盾を激化させ、変化を加速させることがある。

例えば、14世紀に欧州を席巻したペストです。これは中世の農奴制の没落の一つの契機になったといわれています。

この数十年、「利潤第一」の資本主義が自然環境を壊し、感染症のパンデミックが多発しています。資本主義による自然破壊という点では気候変動と同根です。コロナ・パンデミックは、「利潤第一」という資本主義のシステムそのものを問うていると思います。

安倍・菅政権の致命的欠陥「科学無視」と「自己責任」

倉重　日本をみると、菅政権は「Ｇｏ　Ｔｏ」事業への執着が強すぎやしませんか。ブレーキとアクセルの踏み方がうまくいっていないと見えますが。

志位　まともなブレーキなしの暴走車に見えます。安倍・菅両政権の1年間のコロナ対応をみると、二つの致命的欠陥が明らかになりました。

一つは、科学を無視する姿勢です。

新型コロナで一番やっかいなのは、無症状の感染者が、感染を拡大させてしまうことです。無症状の感染者の把握と保護が大事になってきますが、政府にはそのための検査戦略がありません。「検査・保護・追跡」が感染症対策の科学的な大原則なのですが、この大原則が行われていないのです。

「Ｇｏ　Ｔｏ　トラベル」はまさに科学を無視した暴走のさいたるものです。専門家が〝やめた方がよい〟といっているのに、中途半端なごまかしだけで固執し続けている。

倉重　専門家もそういい始めた。

志位　「Ｇｏ　Ｔｏ」を始める時は〝専門家がいっている〟からと頼りながら、専門家が〝やめた方がいい〟といっているときは聞かない。ご都合主義の極みです。

もう一つの致命的欠陥は「自己責任」です。国民に自粛や休業を要請する一方で、補償は本気でやらない。野党が頑張って、持続化給付金や家賃支援給付金など一連の直接支援制度をつくりましたが、これも一回限りで打ち切ろうとしています。そして国民に対し、「3密」を避け、手を洗えと。それはそれで大事なことですが、〝自分の身は自分で守れ〟という姿勢です。

「科学の無視」「自己責任」――これが1年間、続いてきました。結局、感染を抑止できず、国民の暮らしも営業も深刻な状況に陥っています。今年こそ「二つの致命的欠陥」を抜本的に切り替えなければなりません。

医療機関の減収補塡は政府の最低限の責任だ

倉重　医療崩壊も医師会などが相当心配しています。こちらの手当ても必要です。

志位　コロナ対応に真剣に取り組む病院ほど赤字がひどくなるという問題があります。私たちは「減収補塡《ほてん》が必要だ」とずっと主張してきましたが、政府はやろうとしません。政府は「緊急包括支援交付金（医療分）で2・7兆円投入した」っていうんだけど、肝心の医療現場には8000億円しか届いていない。

現場は、夏のボーナスも、冬のボーナスも出ないところもある。心が折れて辞めていく人もいます。医療従事者に「感謝」をいうのであれば、減収補塡をドーンとして、少なくともお金の面で安心して働ける状況をつくるのが政治の最低限の責任です。

学術会議問題に見える危機

全体主義への転落を許してはいけない

倉重　昨年（2020年）は日本学術会議会員の任命拒否が問題になりました。志位さんも国会で菅首相に対して、この問題がいかに日本学術会議法に反するか、憲法の精神に反するか、というところできわめて整理された質問をされてきたと思います。『サンデー毎日』でも非常にわかりやすく解説をしてもらいました。しかし国民の意識にはまだ届いていない気がします。

志位　この問題の一番の恐ろしいところは、理由をいっさい言わないままの任命拒否だということです。一部の学者の問題だと思っている方もいるかもしれませんが、理由をいわずに異論を排斥《はいせき》するということがまかり通れば、次は他の分野にいく。言論や表現の自由の侵害につながり、どんな人が標的にされ、排斥されるかわからなくなります。

だから、かつてない広がりで学協会、団体が任命拒否に抗議の声をあげています。例えば「映画人の会」は〝映画界にも無縁ではない。学問の自由が脅かされたら次は言論、表現の自由が危ない〟と批判しています。

一つ突破されれば、国民全体の自由と人権が脅かされ、日本が全体主義の国へと転がり落ちていきかねない。突破を許してはいけないと、訴えたい。

歴史を考えても、1933年に滝川事件があり、35年に天皇機関説事件がありました。天皇機関説事件の直後、「国体明徴《めいちょう》声明」が出され、天皇中心の専制政治の体制＝「国体」は神聖不可侵だとなった。35年から45年の10年間、「国体」が国民に徹底的にたたき込まれた。突破口となったのは学問の自由への弾圧だったのです。

まずは学者の口をふさぎ、国論を一色に染め上げ、国民の口をふさぎ、戦争の破滅に行きついた。これが歴史の教訓なんです。この教訓に照らしても、今が分水嶺《ぶんすいれい》で頑張りどきだと思っています。

「安保法制」で総崩れした立憲主義の再建が必要

倉重 菅政権は憲法を根拠に〝必ずしも推薦通りに任命しなければならないわけではない〟と、よくわからない答弁をしています。しかもこの答弁に「法の番人」である内閣法制局がお墨付きを与えていますね。

志位 「法の番人」の片りんもありません。

倉重 どこで変質したんでしょうか。

志位 2015年の安保法制ですよ。

倉重 あの時ですね。

志位 その前年（14年）に閣議決定で集団的自衛権の行使を容認し、立憲主義が破壊されました。そこを分水嶺として、すっかり内閣法制局としての体をなしていない。

歴代の法制局長官は集団的自衛権の行使には批判的でした。憲法上、許されないことは当たり前だからです。

ところが安倍政権は、内閣法制局長官の首を強権的にすげかえてまで、認められないとしてきた集団的自衛権の憲法解釈を変更させました。以来、内閣法制局には「法の番人」としての矜持《きようじ》（＝誇り）がすっかりなくなりました。

今回の学術会議の件はその延長線上のことです。

１９８３年の国会で、当時の中曽根康弘首相はじめ政府側はみんな〝任命は形式的なものであり、絶対に拒否はしない〟と答弁してきました。それを内閣法制局が２０１８年にこっそりと解釈を変更したんです。「クーデター的な法解釈の改ざん」だと国会で厳しく糾弾しました。これを許せばいよいよ法治主義が壊れることになる。きわめて深刻な問題です。

倉重　自民党の中にも「政府の解釈はおかしい」という声はありますが、与党のなかで広がりません。志位さんはどう見ていますか。

志位　先ほど集団的自衛権行使容認の閣議決定、安保法制が分水嶺だったと言いました。憲法の一番の要、集団的自衛権の行使の是非という大論争点をいとも簡単に壊してしまった。立憲主義、法治主義の土台をガラガラと崩してしまい、もう怖いものなしになってしまったんです。

倉重 総崩れになった感じはありますね。そこが大きな曲がり角でしたね。

志位 総崩れになった。だから日本の政治、立憲主義を大本から再建しなければならないんです。憲法違反の安保法制を廃止し、集団的自衛権行使容認の閣議決定は撤回する。共謀罪法も秘密保護法も廃止する。学術会議の任命拒否も撤回する。日本の政治の大掃除が必要だと思っています。

「桜を見る会」疑惑暴いた「赤旗」スクープの視点

倉重 20年は「赤旗」日曜版がスクープした「桜を見る会」疑惑も大問題になりました。メディアに携わる者として「赤旗」はすばらしい仕事をしたと思います。「権力の私物化」という切り口で取材をつなぎ、活字にした。ある意味で一般紙が政党機関紙に負けたケースです。ほめ過ぎかもしれませんが。(笑い)

志位 ありがとうございます。(笑い)

倉重 その政党の長としては、誇らしいスクープじゃないですか。

志位 誇らしいですね。なぜあのスクープが生まれたのか。「赤旗」が取材を始める段階では特別の情報を持っていたわけじゃないんですよね。

倉重 スクープというのはそういうものです。

志位 「桜を見る会」は天下にオープンでやられていてみんな知っていた。安倍(晋三・前首相）さんの〝お友達〟が多いこともわかっていた。ただそれを「権力の私物化」と見るのか、それとも「政権党だからありえることだ」と大目に見てしまうのかの違いだったと思うんです。

倉重　でしょうね。

志位　「赤旗」は「権力の私物化」という視点でとらえた。その点は、「毎日新聞」の紙面（20年11月30日付）でも、自省を込めて評価していただいたところです。

倉重　いやいや、その通りですよ。

志位　ぜひこうした視点を持ってメディアが力を合わせていけたらと願っています。

首相が1年もウソの答弁 証人喚問で真実を語れ

倉重　この事件のポイントは何ですか。

志位　三つあると思います。一つは「桜を見る会」という公的行事を首相が自らの後援会の行事のように私物化した、ということです。税金を使った供応のようなものです。

二つ目は、「桜を見る会」前夜祭で安倍氏側が、補塡を行っていたということです。政治資金規正法や公職選挙法の違反が問われる重大疑惑です。

そして三つ目は、ときの首相が1年間にわたって、国会でウソの答弁を続けてきたことです。これは非常に罪が重いと思います。

倉重 重いですね。安倍さんは本当に知らなかったんですかね。

志位 普通はあり得ないでしょうね。

倉重 ありえない。普通は秘書との〝共謀〟です。国会はウソをつかれた被害者ですから、国民の代表機関としてしめしをつける必要があります。

志位 安倍さん本人に国会に出てきてもらい、真相を語ってもらわなければなりません。

この疑惑で安倍さんがつらいのは、官僚が誰も守ってくれないことなんですよ。「森友・加計」の時には、役人が必死に守ったけれど。

倉重 そう。おっしゃる通り。

志位 「桜」ではだれも「壁」になって守ってくれない。だから安倍さん自身が無理を重ねてありえないストーリー（物語）をつくって、説明するしかなかったんです。それがウソだったことが明らかになった。

倉重 これは深刻ですわな。安倍さんにとってはね。

志位 非常に深刻な話です。今後はウソが罪に問われる証人として国会に出てきてもらい、証人喚問で真実を話してもらうことを強く求めていきます。

倉重 歴代首相も自らの疑惑では証人喚問を受けてきたんです。中曽根さんは、ロッキード事件、リクルート事件で、竹下（登）さんは皇民党事件などで。安倍さんだけやらないわけにいかない。真相を語り議員辞職するのが妥当だと思います。同時に当時、官房長官だった菅（義偉）首相にも責任がありますね。

志位　当然、あります。誰が考えても安倍さんの答弁はつじつまが合わなかったのに、官房長官として事実を確かめず、ひたすらかばい続けた。この責任は重いと思います。それから行政府の長である菅首相はこの問題の調査を拒否していますが、「桜を見る会」は政府の行事です。私物化された疑惑があれば、行政府の長が再調査してウミを出すのは当たり前です。〝もう終わったこと。桜を見る会は今後はやらない。だから調査もしない〟と、このまま疑惑にフタをすれば、菅首相自身の新たな責任が問われてきます。

公明党は「イチジクの葉」悪い政治を覆い隠す

倉重　スキャンダルに対する批判が公明党からもでていません。与党の「ブレーキ」役が働いていない印象です。

志位　まったく働いていません。結局、公明党が与党でやってきたことは「イチジクの葉」みたいなものなんですよ。

倉重　ほー、なるほど。

志位　悪い政治をともかくも覆い隠す役割です。集団的自衛権の行使容認の閣議決定も、安保法制も、本当は公明党にとっては引くに引けない線だったはずなんです。議論のすえ、どう決着をつけるかなと思っていたら、自民党の軍門に下ったのか、こびへつらったのか分かりませんが、結局、安保法制の「推進者」になりました。骨の髄まで自民党と一体だなと、あの時に思いましたね。

超大国の圧力に従わずに広がる核兵器禁止条約

倉重 視野を世界に広げて、今年の展望と課題をお聞きしたい。核兵器禁止条約が間もなく発効（1月22日）されますね。

志位 世界史的な出来事です。私も2回、ニューヨークの国連会議に参加し、発言もして、各国政府・市民運動と協力しながら条約づくりの場に参加してきました。喜びもひとしおです。何といっても、核兵器が違法化された。

倉重 国際法上、違法なものとなった。

志位 そうです。「悪の烙印《らくいん》」がボンと押された。核兵器保有国は「違法国家」になります。国際社会で非常に大きな規範力を発揮し始めると思うんです。

この条約をめぐる一連の米国政府の動きは非常に重要な意味を持っています。条約発効にいたる過程で、米国は、各国政府に条約への不支持・不参加を求める脅迫的な書簡まで送りつけていた。ところがこうした圧力をはねのけ、途上国や小さな国も含めて堂々と条約を批准していったんです。

世界の構造変化を象徴的に示していると思います。ひと昔前なら超大国の圧力に従わざるを得なかったかもしれないが、もう従わない。追い詰められた米国の焦り、恐れが、核兵器禁止条約発効の一連の過程ではっきり見えてきました。

倉重　なるほど。焦りが。

志位　アメリカの側が大局的には追い詰められてきている。焦っている。20年12月の国連総会で〝核兵器禁止条約を歓迎し推進を呼びかける〟という決議があがり、130カ国が賛成しました。3年前の核兵器禁止条約採決で賛成した国は122カ国でしたから、8カ国増えました。国際社会での賛成が広がり、核兵器の違法化が世界の本流になっています。

倉重　唯一の戦争被爆国・日本が批准するためにはどうすればよいのでしょうか。

志位　政府を代えるしかありません。政府は核保有国と非核国の「橋渡し」をするといいますが、やっているのは米国と核兵器大国の「お先棒担ぎ」です。

20年8月、広島で党首討論会に出ましたが、野党側はみんな核兵器禁止条約に賛成です。日本の参加の一番の早道は政権交代です。

米民主党の公約に注目
富裕層課税、最賃15ドルなど

倉重　そのアメリカではバイデン政権が誕生し、やや協調主義的な体制に戻りつつあります。志位さんは米大統領選をどうみていましたか。

志位　まずトランプ氏の「アメリカ・ファースト」（米国第一主義）が否定されたというのは非常に大きな出来事です。バイデン氏はＷＨＯ（世界保健機関）や気候変動対策のためのパリ協定に復帰する意向を示しています。感染症対策や気候変動問題で肯定的な動きが出てくる可能性に注目しています。

もう一つ、今度の選挙で私が注目したのは民主党の選挙公約です。大企業・富裕層への課税、最低賃金15ドル、公的医療保険など、米国民の願いを反映した内容が入っています。バイデン氏がその通りに動くかどうかは分かりませんが、民主党が公約した以上、重みがあります。この方向で動けば、米国で新自由主義からの一定の転換が起こる可能性があります。世界にも影響を与えるでしょう。

倉重　日本に対する影響はどうなりますか。

志位　日米関係は簡単にはいきません。バイデン氏が「国際協調」という場合に、「良い国際協調」と「悪い国際協調」の二つがあるんです。

ＷＨＯやパリ協定への復帰は「良い国際協調」です。

一方で、バイデン氏は「アメリカ中心の軍事同盟網は強化する」とはっきりいっています。日米でいえば日米軍事同盟の強化です。安保条約、安保体制の強化の方向は変わらない。これに関しては、唯々諾々と米国に付き従う日本の政治を変えていくことが大事になります。

重大化した中国の無法
「国際法守れ」外交包囲を

倉重　安全保障の話が出ました。中国の台頭と米国の力の低下で東アジアでも変化が起きています。日本の持続可能な安全保障はどうあるべきか。共産党はどんな政策を打ち出しますか。

志位　中国は、東シナ海や南シナ海での力による現状変更の動きを強めています。覇権主義の行動です。香港やウイグルなどでの人権侵害もエスカレートしている。この両面が非常に重大化していると思います。

どう抑えていくのか。私は、中国が軍事を背景に行動しているときに、こちらも軍事で対抗ということには反対です。

倉重　今の政権の路線ですね。

志位　そうです。「軍事対軍事」で構えればエスカレートし、どこかで衝突が起きます。

倉重　しかも持続可能なやり方ではない。

志位　そうです。危険な道です。私たちは反対です。

ではどうするか。中国の無法には、「国連憲章と国際法を守れ」という外交の力で包囲していくことが一番大事だと思うんです。東シナ海・南シナ海での覇権主義的行動も、香港などでの人権問題も、いずれも国連憲章、国際法に反しています。「国際法を守れ」という外交的な包囲が大事だと思います。

日本共産党は中国に対し、そういう立場できっぱり批判をしてきました。実感からいえば、中国にとって、正論をいわれ、正面から批判されることが一番痛いんです。

倉重　痛い？

志位　そうですね。4年前の第27回党大会（2017年）をめぐって印象深いことがありました。決議案に中国に「新しい大国主義・覇権主義の誤り」があらわれていることを、かなり突っ込んで書きました。そうしたら、当時の中国大使だった程永華氏が党本部にやってきて、私に「会いたい」というので、1時間半ほど会談をしました。程氏は決議案の中国批判を「削ってくれ」というんです。

倉重　ずいぶんストレートですね。（苦笑）

志位　私は「とんでもない」といって、批判の理由を一つひとつ話し、削除をきっぱり断りました。

志位　会談のなかで、程氏は、「日本共産党が中国を批判すれば敵が喜び、右翼が喜ぶ」といいました。これには私も厳しく反論しました。「わが党はいま安保法制、日本の軍事化に反対してたたかっている。『敵が、右翼が喜ぶ』とはあまりにも礼を失した発言ではないか。率直にいうが、中国の大国主義・覇権主義的ふるまいが、どれだけ安倍政権が安保法制＝戦争法を進める口実とされているか、日本の運動の利益をどれだけ損なっているかを、真剣に考えてほしい」と。

倉重　そこまでいったんですか。

志位　いいました。中国はとにかく公に批判してほしくない。とくに、日本共産党から批判されたくないのだなと感じました。

人権侵害は国際問題　国際条約に中国も賛成

倉重　20年1月の綱領改定で中国批判を明確に位置づけましたね。私は日本外交の最大の課題は中国とどう向き合うかだと思っています。各党が中国に対して腰が定まらないなか、日本共産党は明確な路線を打ち出しました。

志位　中国は近い将来、経済力では世界一の巨大な国になる状況です。その国に覇権主義と人権侵害という深刻な問題が表れている。これは世界の平和と進歩にとって絶対に見過ごせません。

倉重　一方で中国は、地政学的には共存しなきゃいけない距離です。

志位　その通りです。だからこそ排外主義の立場からの批判ではなく、事実と道理にたって批判をしています。日中両国、両国民の真の友好を考えても、間違いに対しては「間違っている」と正面から理をつくして指摘する。そうしてこそ、真の友好関係を築けるのではないでしょうか。

倉重 香港やウイグルなど中国の人権問題に対して、これからも積極的にコメントしていかれますか。

志位 もちろんです。人権問題を批判すると、中国側はよく「内政干渉だ」といいます。しかし、重大な人権侵害は内政問題ではなく、国際問題だとはっきりさせる必要があります。これまでに世界人権宣言、国際人権規約、ウィーン宣言など、人権擁護のさまざまな国際条約、規範がかわされています。大事なことは、そうした国際条約に中国が自ら賛成していることなんです。

倉重 なるほど。

志位 賛成しているのであれば、それを守る国際的な責務がある。香港の問題はそれに加え、高度の自治を保障した「一国二制度」という国際公約もあります。国際的な約束を二重に破っているわけで、それに対する批判は内政干渉ではありません。

100万人の単位で強制収容がされている、ウイグルでの人権侵害も深刻です。20年10月、国連総会第3委員会で「新疆《しんきょう》ウイグル自治区の人権状況と香港の最近の動向に重大な懸念を表明する共同声明」が発表されました。ドイツが中心になって39カ国の共同声明になりました。EUのほとんどの国が入っています。これまで中国と比較的、友好だった欧州各国も批判を強めています。私はこれをみて、中国が外交的に孤立しつつあることを感じました。

「どこかの国敵視」でなく独立と主権に責任負う

倉重　産経新聞も志位さんの中国批判を大きく報じていますね（笑い）。興味深い現象です。「産経」も自民党の言説ではモノ足りないのでしょうか。

志位　あまり意識していませんが…（笑い）。政府・与党の問題点は、中国の「脅威」を利用した軍拡には熱心なのですが、正面きってモノをいうことができないことです。これは最悪の外交姿勢です。

倉重　米国にもモノがいえませんね。

志位　米国にも中国にも、そしてロシアにもモノがいえない。この三つの国は、どれも覇権主義の大国ですが、日本はこの三方にペコペコしています。

倉重　ロシアの話が出てきました。「北方領土」についても共産党は明確な見解を打ち出している。意外とナショナリストの印象を受けます。

志位　領土問題に対する私たちの立場を一言でいえば「日本の独立と主権に対して責任を負う」ということにつきます。どこかの国を敵視するのではありません。そのさい一番大事なのが、先ほど申し上げた国際法と歴史的事実なのです。

ですから尖閣、千島、竹島問題、あらゆる領土に関する紛争問題について、国際法と歴史的事実に照らしてどうか、かなり突っ込んで見解を明らかにしています。

野党共闘を進めた5年「政権協力」で魂を込める

倉重　さて21年は政治決戦の年です。野党共闘路線へ転換して5年。委員長としての感慨はいかがですか。

志位　転換してよかったと思っています。16年と19年の参院選、17年の総選挙、3回の国政選挙を共闘でたたかいました。共闘したからこそ、自民党は参議院で単独過半数を割り、改憲勢力も3分の2を割りました。共闘していなければ、国会が自民党の〝絶対支配〟のもとにおかれ、今ごろ憲法9条が変わっていた可能性もありました。

同時に、大きな課題も残されています。新しい政権を協力してつくる合意がまだないということです。

倉重　そこですね。

戦争法案を廃案にと国会議事堂前に集まった人たち＝2015年9月14日夜、国会正門前

菅内閣は退陣をと声を上げる人たち＝2020年11月19日、衆院第2議員会館前

志位　「菅政権を倒そう」というところまでは合意していますが、倒した後に「一緒に政権をつくろう」という合意がまだない。これは目下のところ努力中です。「政権協力」での合意ができて初めて野党共闘に魂が入ると思うんです。

「うまくいっていない」と書くメディアもありますが、前に向かっていますよ。臨時国会での首相指名選挙では、野党がそろって立憲民主党の枝野幸男代表に投じたじゃないですか。これからの話し合いで、合意に到達したい。「新しい政権を協力してつくろう」となれば、野党に対する国民の見方は一変します。

閣外も閣内もありうる

倉重　共産党は正論をいい、調査能力も高い。しかし政権からは遠かった。政権に入って自分たちのめざす政治を実現したいという思いが、路線を転換した背景にあるんですか。

志位　野党共闘路線へ転換した一番の動機は、「日本の政治が非常事態に入った」とい

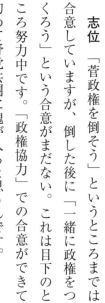

う認識なんです。安保法制の強行で立憲主義が壊された。憲法に基づいた政治は絶対に守るべきデッドライン（限界線）です。それを超えた暴走政治を止めるためには政策の違いがあっても野党が協力しないといけないという、やむにやまれぬ思いからなんです。

倉重　気の早い人もいて、共産党は閣外協力か閣内協力か気にする人もいます。何かイメージはありますか。

志位　共闘を始めた最初から「どっちもありうる」といっています。大臣のポストが欲しくて私たちは野党共闘をしているわけではないですから。パートナーとなる勢力とよく話し合って決めていけばいい。

倉重　志位さんは外務大臣になったらいいと思う（笑い）。国際法と国連憲章に基づいた外交というのは世界に通用するでしょう。

志位　先の話はあまりしないほうがいい（笑い）。政権での協力の度合いはいろいろありえます。あらかじめこうでなければといったことは、一度もありません。

広がった「共産党と協力」政権交代へ今年が正念場

倉重　志位さんはこの5年で永田町の見事な政局のプレーヤーとなり、存在感が増した。その存在感はますますもって、私は拡大されると思いますよ。委員長になって20年。一番きつかったのはいつ頃なんですか。

志位　委員長になった2000年から10年間は、自民か民主か「二大政党の政権選択」論が政局を覆っていました。

倉重　白か黒か選べと。これはきつかったでしょうね。

志位　「共産党は蚊帳《かや》の外」とされた。きつかったですね。選挙でどんなに頑張ってもなかなか結果に結びつかない。

そういうなかで政権交代があり、いろんな失敗もあって民主党政権が倒れたあと、共産党を見直す流れがおこりました。13年参院選と14年総選挙で連続躍進し、躍進した力も後押しとなって、15年に共闘路線に転換しました。この5年で、だいぶ政治の風景も変わってきたと思います。

私自身、政界でいろいろな方とのお付き合いも増えました。共闘路線を評価してくれる文化人や知識人も増え、運動団体のなかでも「共産党と協力していこう」という方々がずっと広がってきました。

倉重　お付き合いが増えた中に小沢一郎（衆院議員）さんがいると思いますが、いまかなり信頼関係がありますね。なぜですか。

志位　理由は簡単です（笑い）。15年に「国民連合政府」を提唱したとき、各党に提案をお持ちしました。その時に「これはいい。協力してやっていこう」と二つ返事で賛成してくれたのが小沢さんでした。以来、共闘という点で、互いに信頼し協力してきました。

倉重　彼はあらゆる「平成」政局の仕掛け人でした。話をすると参考になりますか。

志位 なりますね。2回も政権交代を果たした人ですから。話をしていると、とても刺激的です。

倉重 政局仕掛け人の小沢さんとしては志位さんにもっと修羅場を踏んでほしいと思っているんじゃないかな。

志位 政権交代をめざす今年が最大の正念場になると思っています。絶対に負けられない。とことん頑張るつもりです。

倉重「志位さんは、かつては音楽の道も」ショスタコーヴィチを聴くとものすごいパワーがわきます

倉重 志位さんは、かつては音楽の道に進むことも考えたそうですね。政治決戦の今年、志位さんはどんな音楽を奏でてのぞみますか。

志位 奏でる音楽ですか（笑い）。うーん。聴くなら、たたかいにのぞむときにはショスタコーヴィチですね。

倉重 ああそう。私は聴いたことないんですけど。（笑い）

志位 ショスタコーヴィチの交響曲第4番とか第8番は、ものすごいパワーが出てきますね。ぜひ聴いてみてください。たたかいにのぞむうえで聴く音楽は、力がわきあがってくるものがいいですね。気持ちを落ち着かせるにはバッハがいい。

倉重　得意な曲は。

志位　バッハは何でも難しいけれど、平均律ピアノ曲集という素晴らしい大傑作がありまして、今年は一曲でもきちんと弾けるようになろうかなと。（笑い）

倉重　最後に改めて抱負をお聞きしたい。

志位　必ずある総選挙で勝って、政権交代し、野党連合政権をつくる。同時に、共産党を何としても躍進させたいと決意しています。共闘の勝利と共産党の躍進――この二つの双方を達成する取り組みに執念を燃やして頑張ろうと思っています。

倉重・志位　ありがとうございました。

（「しんぶん赤旗」日曜版２０２０年12月27日・２０２１年1月3日合併号）

9784530016984
1920031005913
定価650円（本体591円+税）
ISBN978-4-530-01698-4
C0031　¥591E
文献パンフ

危機をのりこえ、希望ある新しい日本をつくる年に

志位和夫委員長の党旗びらきあいさつ
岡野八代さんと志位委員長の新春対談
倉重篤郎さんが志位委員長にズバリ

2021年1月27日／発行＝日本共産党中央委員会出版局
〒151-8586 東京都渋谷区千駄ヶ谷4-26-7
Tel.03-3470-9636
振替口座番号 00120-3-21096
印刷・製本＝株式会社 光陽メディア

安保改定60年Ⅱ
「思いやり予算」
異常な経費負担の構造

「しんぶん赤旗」政治部　安保・外交班

日本共産党中央委員会出版局